사랑과 자유

글·그림 진

목차

/ 들어가며 10

/ 투쟁에서 평화로

  서울 15

  비주류 19

  우울1 23

  우울2 25

  If I Die Tomorrow 29

  다짐 31

  뇌 33

  인간관계1 35

  인간관계2 39

  인간관계3 41

  집착 43

생산성 45

파도 49

아이 51

상대성 53

자유 55

사랑 57

/ 취향과 예민함

창작 61

단어 65

평가 67

게임 69

운동 71

비극 73

그림 75

/ 의견

　조언 79

　성공 81

　순응 83

　외국어 85

　채식 87

　어떤 시민 89

　초연결사회 93

　현대미술 97

　시트콤 99

　사회학적 상상력 101

　경이 103

　청춘에게 105

/ 맺으며 108

들어가며

왠지 거창하게 들리는 그런 '책'을 낼 생각은 없었다. 내가 기억하는 때부터 글쓰기는 버거운 정보량을 소화하는 내 뇌의 단순한 작동 방식이었을 뿐. 글이 쌓여있어 한번 엮어볼까 싶다가도 '내가 뭐라고' 싶어 그만두길 반복했었다.

그런데 어느 날 이슬아 작가의 인터뷰 중 어느 구절을 읽고 처음으로 용기를 냈다. "이제 서른 가까워지면서 그 사실을 알게 된 것 같아요. 못 쓴 자기 글을 꾸준히 견딜 줄 아는 애가 작가로 사는구나."*

전업 작가도 이런 생각을 한다는데. 나는 글로 먹고 사는 사람도 아닌데 뭐, 조금은 '뻔뻔해져보자' 마음먹었다. 비공개 블로그 한켠에 먼지 쌓이며 자리한 글, 눈 질끈 감고 어설프게나마 다듬어 세상에 내보내보는 것이다.

*황선우, 멋언니 인터뷰집 이슬아 편 中

지난 한 해 동안 쓴 글들을 중심으로 엮었다. 정신적인 평화를 얻기까지의 과정부터 삶의 중심이 되어준 마음과 다짐, 이런저런 취향 이야기, 사회의 면면을 아우르는 잡다한 글들의 묶음이다. 결국은 자유와 사랑을 관통하는 이야기를 하고 싶었다.

지극히 개인적인 치부를 드러내는 글은 모두 들어낼까 고민했다. 하지만 결국 이 과정 끝에 오늘의 내가 있기에 넣어두기로 마음을 굳혔다. 갑작스럽고 싱거운 정보 남발로 다가왔다면 미리 양해를 구한다.

아참, 그리고 음악을 좋아하는지라 글쓴이의 잡식성 취향대로 몇몇 글에 노래제목을 달아두었다. 소소하게나마 즐겨주시길. 이 책을 낼 수 있도록 용기를 보태준 모두에게, 그리고 내 글을 읽어주시는 모두에게 감사를 전한다.

투쟁에서
평화로

서울

Blu _ Ryuichi Sakamoto

대학교 스무살 때 처음 마주한 서울. 그곳에 머물 때 나는 그 도시가 늘 차갑고 서늘하게 느껴졌다. 살던 곳을 멀리 떠나와서? 혼자 살아서? 무엇 때문이었는지 졸업 후 그곳을 떠난 후에야 알게 되었다. 지방도시와 달리 서울에는 내 또래의 사람들이 많았고 이 사실이 나를 위축시켰던 것이었다.

중학생 시절 나를 참 힘들게 했던 사람들은 나의 또래들이었다. 그때 내 뇌는 나이와 인성을 결부시키는 웃긴 편견을 만들었고 그 상황을 피하도록 지시했다. 뇌는 위기 상황에 엉뚱한 방식으로 나를 세상에서 보호하는 방어기제를 만들곤 한다. 10년 가까이 지난 지금은 옅어진 편견이지만 그 영향이 아예 사라지긴 어려워서였을까. 그때와 같은 압박감과 열등감을 느꼈던 것이었다.

나와 달리 더 빛나는 인생을 사는 사람들이라는 생각도 있었던 것 같다. 위화감이 들었고 외로웠다. 서울은 나와는 다른 부류의 인간들로 가득찬 공간이라고 정의하며 나를 스스로 이방인으로 만들었다. 철저히 자발적인 배척이었다. 나이 차이가 크게 나는 사람들, 비슷하게 어려운 시기를 지났던, 혹은 그런 시기를 지나는 사람들과 있을 때만 이 기분에서 잠시 벗어날 수 있었다. 결국 나는 서울의 자취방을 머나먼 땅의 교환학생 기숙사보다 더 외로운 공간으로 만들었던 것이었다.

이제는 안다. 나와 내 또래의 집단. 이렇게 뚝 떼어 나눌 수 있는 게 아닌 것을. 특히 그때의 몇몇 사람들을 모두 '내 또래'로 확대시켜 해석할 수 없다는 것을. 결국에는 비슷비슷한 사람들이라는 것을. 다들 잘나고 대단해보여도 아픔과 두려움을 가지고 있고, 각자의 행복에 대한 꿈을 안고 살고, 가끔씩은 외롭고, 비슷한 것에 분노하고 눈물을 흘리는 인간들이라는 것을. 보이는 것 너머의 이면을.

미소를 보이고 있어도 속이 닳은 사람들이 많듯 인간의 표정과 내면도 늘 같지는 않다. 그래서 인간은 오해하기 쉽다. 사람을 섣불리 판단해서도 안되는 것도 이와 같은 이유인 것이다. 누군가가 화려해 보였다면 에고의 면적을 잔뜩 늘리며 사는 단면을 볼 뿐이었다.

이제 와 보면 서울은 늘 더 넓은 스펙트럼의 사람들을 품어주는 도시였는데 (좋은 의미로든 나쁜 의미로든), 왜 난 그 도시를 충분히 환영해주지 못했는지. 한번도 제대로 즐겨본 적 없었는지. 못내 아쉬운 마음이 드는 건 어쩔 수 없다.

2017. 기숙사에서 본 서울   지ㄴ

비주류

희한한 시대 _ 옥상달빛

　중고등학생 때 단지 대학교 입시만을 위해 공부를 해야 한다는 것이 이해되지 않았다. 시험이 끝나면 잊어버리고 마는 식의 공부가 요구되는 것도, 진로에 대한 고민도 없이 대강 성적에 맞춰 학과를 쓴다는 것도.

　애초에 왜 대학교를 가야 하는지부터에 대한 확신이 없었다. 이 시대에 순수학문을 공부하고 싶어서 가는 사람들이 얼마나 될까 싶었다. 내가 뭘 좋아하는지 자신을 파악할 기회도 주어지지 않았는데 학과는 어떻게 선택하라는 건지. 현재 사회에서 '쓸모있다'고 인정받는 경영학, 공학 외에는 결국 학위장사를 하는 것이 오늘날 대학의 모습 아니던가. 서류에 남는 '대졸'이란 한 줄은 그만큼 의지력을 갖춘 자본주의의 예비 일꾼이라는 걸 증명하기 위한 것이 아닌가로밖에 생각되지 않았다. 다들 가니까 간다는 선택이 나는 도무지 받아들이기 어려웠다.

그렇지만 결국은 타협해야 했다. 한국 사회는 고졸에 결코 친절하지 않다는 사실을 나는 바꿀 수가 없었다. 이해할 수 없는 고등학교 제도에 몸담고 있는 대신 차라리 혼자 입시를 마치자 싶어 자퇴를 하고 검정고시로 졸업을 하고, 수능으로 대학교에 입학했다.

대학생으로선 하고 싶은 것을 다 하자고 마음먹었지만 대학 수업은 우려한 것 이상으로 실망스러웠고 등록금은 쓸데없이 비싸게 느껴졌다. 대학 입시를 끝내고 들어와서는 이제 또 취업을 위해 좋은 학점을 챙기는 데에 관심을 두고 있는 학생들을 발견하며 나도 그래야 하나, 주변에 동화되며 조금씩 조급해졌다.

다른 길이 있긴 한 건지, 내가 어떤 사람인지도 알지 못한 채 다들 또 사회의 수순에 맞춰 스펙 쌓기와 취업 준비를 하고 있는 게 맞는 건지. 나도 따라하지 않으면 낙오되는 건지. 그래서 대학생 때 많이도 방황했다. 나만 이렇게 혼란스럽고 이해할 수 없는 건지, 중학교, 고등학교, 그리고 대학생때까지 나만 이 시스템에 의문을 품는 건지. 이런 고민들 앞에 무척 외로웠다.

그러던 중, 한 연합 독서토론 동아리를 통해 나와 같은 사람들을 만났다. 다른 삶을 살았지만 비슷한 의문을 가져본, 혹은 다른 길을 걸어왔고 앞으로도 새로운 길을 개척할 용기가 있는 사람들. 그 친구들을 만나며 차라리 당당한 별종으로 살기로 마음을 굳힐 수 있었다. 왜 이해가 되지 않는 흐름을 애써 이해하고 편입되고자 노력했었는지.

교환학생으로 스위스에 가서 하루만 수업을 듣고 거의 매번 나머지 6일은 홀로 배낭을 들쳐업고 쏘다녔다. 한국으로 돌아와서는 (대기업 취업이 목표도 아니었으면서) 영문학과가 취업에 더 유리할 수도 있다는 이야기 때문에 바보처럼 주저하던 전과 신청서를 제출했다. 전과 후 듣고 싶던 사회학, 심리학, 철학 등의 인문학 강의도 실컷 들으며 학점을 채웠다. 취업준비, 스펙쌓기 대신 하고 싶었던 봉사활동과 동아리 활동을 하면서 내가 진짜 어떤 사람인지 발견하려고 노력했다.

졸업을 하고, 사회학 공부만큼 사랑한다는 걸 알게 된 디자인 공부를 시작했다. 어디로 갈지 여전히 방황중이지만, 비주류의 길을 걷겠다고 결심한 내 선택에 결코 후회는 없다. (다만 이 과정에 부모님의 지원이 있었으니 결코 떳떳하지만은 않다는 걸 말해두고 싶다. 고맙고 미안해 엄마아빠.)

한때는 모든 것이 '좋은 대학, 좋은 기업'으로 수렴되는 것 같아 숨이 막혔다. 이제는 다양성이 더 받아들여지고 있고, 어떤 문제에 대해 목소리를 내는 것이 그렇게 '유난'으로 보이지 않게 되었으니, 이런 사회 전반의 변화가 고무적이다. 남들과는 다른 길을 선택한 비주류들이 더 많이 보이길.

　서로 용기를 주고받으며 겁이 나는 미지의 미래로 함께 나아갈 수 있길 바란다.

우울 1

Take Me _ Miso

 15살때부터 나는 우울이란 세계의 쓸데없는 명예 단골이었다. 자발적인 시작은 아니었다. 세상에서 최고로 우울한 사람이 되고 싶어! 라고 말하는 사람이 어디 있으려나. 내 의사와는 무관하게, 어쩌다 보니 그 세계의 단골 고객으로 수년간을 살아냈다.

 그러다 졸업 이후 새로운 길을 찾아보며 공부하던 중 우울에 심한 불안 증상까지 겹치게 되었다. 어떻게든 책상 앞에 앉아도 손은 덜덜 떨리고 앞이 새하얘져 눈물만 났다. 수능도 대학교 시험기간도, 속은 문드러져도 아무렇지 않은 사람처럼 보이는 것도 어떻게든 버텨냈던 나였는데 난생 처음으로 모든 것을 중지하고 내려놓아야 했다. 상담치료만 하다가 최후의 보루로 삼았던 약물치료도 시작하고 (더 일찍 고려해볼걸. 그게 뭐라고.) 서울의 자취방을 정리하고 내려와 부모님과 함께 지내게 되었다.

내적으로든 외적으로든, 왜인지 자꾸 투쟁하는 것에 익숙한 삶을 살다가 갑자기 모든 것을 멈추고 쉬어야 한다는 사실을 처음엔 받아들이지 못했다. "뭐라도 해야 하는데"를 입에 달면서 한달을 떨며 불안해했다. 그렇게 '아무것도 안해도 괜찮게 느끼기' 적응 시기를 겪고 처음으로 '평화'를 배웠다. 무언가에 시달린다는 느낌이 없는 때가 있긴 했던가. 미래도 과거도 아닌, 머릿속도 아닌, 그저 현재에 머물 수 있는 요즘에 감사하고 또 감사할 뿐.

계획과는 다른 궤도로 삶이 흘렀지만 언젠가는 필요했을 시간이었다. 여전히 완치라기보단 관리에 가깝지만, 결과적으로 삶 전반에 대한 시선이 여유롭고 건강해졌다. 정신이 건강했을 때와 그렇지 않았을 때의 차이가 크다는 걸 실감하고 있다. 아예 인생을 새로 사는 기분마저 드니.

건강보다 더 중요한 것은 없다는 사실을 이제 와서야 알았다. 곪아 터진 심지가 드러날 때까지 나 자신을 갈아내는 삶에 익숙해져 있는 누군가가 있다면 일단 나 자신부터 챙겨도 정말 괜찮다고 말해주고 싶다. 중도휴학이 되었든, 직장에서의 휴가가 되었든. 버티고만 있지 말길.

어떻게든 해야 할 일을 마쳐야 한다며, 그렇지 않으면 내 인생이 무너질 거라며 그저 '밀고 나갔던' 시간은 결코 옳지 않았다. 멈춤의 시간이 있다고 해서 내 모든 게 그렇게 쉽게 무너지지 않더라. 길은 언제나 있다.

우울 2

Dissolve _ Absofacto, NITESHIFT

우울하다는 게 어떤 거냐는 질문을 받은 적이 있었다. (한번도 이런 문제를 겪지 않는 사람도 있다는 게 좀 충격이었다.) 쉽게 말하면 머릿속에 머물러 사는 시간이 많다는 이야기다. 시간은 남들과 똑같이 흐르는데, 나는 내 머리 밖이 아니라 내 머릿속에서 시간을 대부분 보내며 살아가는 것이다. 정확히는 나도 모르는 새 나와 치고받고 싸우며 에너지를 소진하며 살아가는 것. 가끔씩은 누가 나를 쳐서 기절시켜줬으면 좋겠다 싶을 정도로 생각의 고통 속에 놓이기도 한다. 그래서 진짜인 바깥 세상을 살아갈 에너지가 바닥난 상태이다.

나는 그것을 너무 오래 품고 있었던 끝에 나중에는 나와 그 세계 사이의 경계를 잃게 됐다. 내가 그곳에 아예 속한 것, 그것이 '나다운' 특성 중 일부라는 오해. 그러다 보니 나중에는 그 세계가 익숙해지는 것에 이르렀다. 나를

이해하고 받아주는 세계, 그렇지만 나에게 최고로 유해한 세계. 내가 혐오하는 세계. 얼마나 이상한가.

때론 벗어나려고 애를 쓰다가 그 투쟁이 너무 지치다 보면 나를 끌어당기는대로 놔두기도 했었다. 그러면 나중에는 묘한 편안함에 잠식되기 시작한다. 얼마나 해로운지 알면서도 빨려들어가는 것이다. 애초에 투쟁의 이유가 되었던 그 세계 속으로. 익사 직전이 되면 저항 끝에 편안해진다던 현상과 비슷하다는 생각을 했었다.

내 세계를 이해해줄 수 있는 사람이라고 여겨 적당히 우울이 묻어나는 듯한 사람을 더 좋아하거나 멋지게 보곤 했다는 사실도 나중에 알게 됐다. 이해는 된다만 결코 유익한 현상은 아니었다. 결과적으로 계속 우울의 세계와 연을 잇겠다는 것이었으니까.

그래서 치료 과정에서 몇가지는 분명히 할 필요가 있었다. 아무리 힘들어도 우울을 '내 세계'라고 동일시해서는 안된다고. 우울이 한 인간의 특성 중 하나일 수는 없다고. 그것은 질병으로 취급되어야 마땅한, 그저 기생충 같은 것일 뿐이었다.

가능하다면 내 결과 기질을 인정하되 현실에 발을 디디고 선, 멋은 별로 없는 것 같을지라도 밝은 세상에 머무는 사람이 되자고 생각했다. 물론 이전에는 이런 객관적인 사고조차도 어려웠겠지만, 이제는 더 또렷히 보고 선택하려 한다. 우울을 내 일부로 받아들이지 않고, 내가 앓는 부분인 것으로 경계짓는 것.

결국 조금씩 나아지면서 아예 그 세계는 발도 담그지 않으려고 노력한다. 우울한 기분을 내는 영화, 드라마, 책을 의식적으로 경계한다. 지난 10년 동안 지배된 만큼 다시 돌아가버리면 어쩌지 하는 두려움이 있어서다. 이런 면에서는 우울은 마약과 비슷한 면을 지니고 있다는 생각도 했더랬다.

인터넷에서 돌아다니는 유명한 말을 인용한다.

"함께해서 더러웠고 (제발,) 다시는 만나지 말자."

If I Die Tomorrow

10대 땐 뭐든 심각했고 거창했다. 의미있게 살아내야 한다는 포부와 열정에 미간을 한껏 찡그리고 주먹을 힘껏 쥐고 있었다.

20대가 되면서는 갑자기 덧없이 스러지는 생명들의 소식을 접하기도 하고 개인적으로도 위기를 넘기고 보니 그저 오늘 주어진 하루하루를 사랑하며 보내는 것이 전부임을 배웠다. 현재 누릴 수 있는 것들에 감사하고, 아끼는 이들에게 충분히 사랑을 표현하면서.

사춘기 때 아니랄까봐 가사에 한껏 심취하며 들었던 빈지노의 If I Die Tomorrow를 오늘날 다시 들어보니 삶을 대하는 방식이 어느새 변했구나 싶다.

물론 그렇다고 완전히 초연해진 것은 아니다. 불필요한 생각들을 털어내려고 요즘에도 부단히도 노력하고, 미래는 여전히 불안하다. 그러나 무슨 고민이든 그렇게 거창

할 것 까지는 없다는 사실을 상기한다.

내일 죽어도 대단히 아쉬울 것 같진 않다. 이전처럼 생이 절망적이어서가 아니라, '그냥 그럴 수 있는 게' 생이기 때문이다. 우리는 이 길고 긴 우주의 역사 중 아주 잠시 동안 지구에 내려앉았다가 떠날 뿐이다. 자발적인 죽음이 아닌 한, 생의 기한에 우리는 결정권도 통제권도 없다. 그 누구도 자신의 끝이 정확히 언제일지 알 수 없다. 생 자체에 집착하지 않으려 한다. 잠깐 편도 여행을 왔다는 감각을 잃지 않으려 한다.

예전의 나에게는 마흔(때론 서른)이라는 기한이 하루하루를 버티게 해주는 마지노선이자 희망 같은 것이었다. 반지 안쪽에 숫자 40을 새겨놓고 너무 힘들때마다 보곤 했다. 죽음을 상기하는 것이 희망을 줄 때였다.

절벽 아래를 들여다보는 짓을 멈추기로 나와 약속한 이후로는 하루하루 생을 선택한다는 심정으로 살고 있다. 무사하고 안녕한 하루에 감사하며.

지금은 숫자 40을 떠올리지 않아도 되니 무척 다행이다. 그래도 '메멘토 모리'는 누구에게나 필요한 관점이자 변치 않는 사실이다. 생의 유한함을 떠올려야 가장 진실된 바람을 마주하기 마련이니.

그저 주어진 시간을 가볍게 살다 가고 싶다.

다짐

내가 나에게

La Di Da _ The Internet

■ 인생은 언제나 불안정할 것이다. 그 '안정'이라는 허상은 죽어서야 실현될 것이다. 불안하다는 현실을 수용해라. 그 존재를 부정하지 말고, 차라리 기꺼이 친구가 되어라. 그리고 용기를 내서 하고 싶은 일을 도전할 것. 지금 이 순간에서 가질 수 있는 기쁨을 놓치지 않을 것. 즐거운 순간들을 많이 만들 것.

■ 매체로 보고 듣는 세계가 진짜라고 착각하지 말자. 직접 부딪히고 경험해라. 동굴에 비친 그림자만이 전부가 아니다. 보고 듣는 것에 겁먹고 두려워 나를 작게 또 작게 만들지 말아라. 그것이 세계라고 이해하고 한정짓지 말아라.

■ 두려움에 빠져 살던 사람들은 그렇게 아차, 늙어버리고 만다. 나이로 내 가능성을 재지 않도록. 하고 싶다면 그냥 하기를. 추억이든 경험이든 어떤 형태로든 나에게 남을테니. 삶은 두려움에서 도망치는 과정이 아니다.

■ 첫째, 인생의 중요한 결정 앞에서는 이기적이어야 한다. 둘째, 내 스스로에게 애쓰며 설득을 해야 하고 자꾸만 돌아보게 되는 결정이라면 옳은 결정이 아니다. 셋째, 어떤 선택이든 완벽할 순 없고, 내 기준이 단단해질 때까지는 시행착오가 있기 마련이다.

후회하는 선택도 있겠지. 그 선택에 쏟은 돈과 시간과 노력이 아무리 아깝더라도 그게 틀렸음을 인정하고, 놓아주고, 더 나은 선택을 위한 교훈으로 삼는 것이 지혜이자 용기이다. 속상해하면서도 붙잡고 있는 것만큼 어리석은 일도 없다.

뇌

  인간의 뇌는 이 시대의 그 어떤 고기능 전자기기들보다도 성능이 뛰어난 발명품이다. 모두들 무료로 하나씩 지니고 있다. 그런데 외부 상황과 자극에 따라 탭이 하나 하나 쌓이다 보면 과부하로 오류를 일으키기 시작한다. 이 탭들을 오랫동안 관리하지 않아 고장이 나면 뇌는 세상에 대한 왜곡된 해석을 내놓기 시작한다. 더하는 게 아니라 덜어 내는 법을 익혀야 하는 것.

  뇌를 설득하는 일은 생각보다 높은 체력을 요한다. 나는 몸의 기초대사량 이전에 '뇌의 에너지 연비'를 더 신경을 써야한다는 입장이다. 하루 에너지를 한없이 낮은 연비로 허비해버리는 뇌의 활동을 조절해야 몸을 움직일 힘을 남겨둘 수 있기 때문이다.

  본격적으로 치료를 시작한 이후 나는 놀랍도록 체력이 좋아졌다. 중학교때부터 대학생때까지 하루종일 젖은 이

불처럼 빌빌거리던 나는 내가 원래 체력이 형편없는 줄 알았다. 그런데 아니었다.

아무도 시키지 않은 뇌의 전력 질주를 제동할 필요가 있다. 정신을 지금 이 순간, 바로 여기로 가져오는 것이다. 방의 벽지 무늬, 창 밖의 잔잔한 소음, 옷의 촉감, 뜨거운 들숨과 날숨, 내가 속한 공간의 경계를 느껴본다.

에너지를 마구 써버리지 않도록 뇌의 활동과 연비를 조절한다. 그렇게 하루하루가 지나며 뇌의 에너지 연비가 높아졌을 때, 그때 쌓아둔 힘과 여유로 다음 단계를 밟아가는 것이다.

똑같은 생각도 어느 날에는 훨씬 수월하게, 동요없이 편안히 흘러가는 날이 있는 반면 어느 날에는 요란히 진동하며 반응하는 날이 있다. 그 차이는 내 내면의 여유에 따른 것이다. 또 동일한 외부를 어떤 에너지, 명도로 비추는지, 그리고 그 시선의 위치와 방식이 어떤지 해석하는지도. 이 두 요소는 씨실과 날실처럼 내가 세계를 바라보는 프레임을 구성한다.

지옥은 현실이 아닌 우리가 현실을 정의하려는 마음속에 존재하지 않던가. 나에게 여유공간을 주자. 고요와 가벼움을 주자. 우리의 머리와 영혼이 이완되어 있을 때 자연스럽게 좋은 것들이 깃들테니.

인간관계 1

It Runs Through Me _ Tom Misch

 가끔 같은 버스에 타고 있는 사람들을 보며 그런 상상을 한다. 약속에 늦은 나는 머릿속에 (Hawaii Five-O 류의) 난리법석 테마곡이 재생되고 있다면 어떤 이는 여유로운 보사노바 재즈, 또 어떤 이는 슬픈 발라드가 어울리는 시간을 보내고 있겠지. 그렇게 이 사각형의 공간에는 보이지도, 들리지도 않는 각자의 테마곡들이 소란히 공존하고 있는 것이다.

 같은 물리적 공간을 공유할 뿐, 사람들은 각자 다른 세계, 다른 주파수 속에서 살아간다. 두 사람이 만난다는 것은 그 과정에서 우연히 주파수가 겹치는 것이고 두 세계가 충돌하는 것이다.

 평생 만나지 못하는 사람이 있고, 그저 스쳐 지나가는 사람이 있고, 운명 같은 우연을 거쳐 결국 만나게 되는 인연이 있다. 악연이 있고 호연이 있다. 대단한 확률을 뚫고

인생의 단면을 함께 공유하는 호연은 얼마나 귀한가. 그리고 그런 사람들과 함께하는 시간은 얼마나 인간의 삶을 충만하게 하는가. 이렇듯 사람과 사람과의 연결감 connectedness이 사람에게 큰 행복을 가져다 준다는 것은 분명한 사실이다.

그러나, 한편으론 인간관계라는 개념 모두를 낭만화하고 싶진 않다. 인간관계에 의미를 부여할수록 인간관계의 의미를 잃어버리는 아이러니 때문.

과거의 나는 관계 자체에 의미를 부여했다. 이 사람과의 관계를 좋게 만들고 싶은 마음에 집중한 나머지 나는 정작 그 관계 속 '나'에 대해서는 망각해버렸다. 관계는 의존이나 합치의 모양이 아닌, 상생의 모양임을 잊어버렸다. 때론 타인의 세계에 내 세계가 어떻게 비춰질까, 혹 관계를 망치는 것은 아닐까, 의미부여를 하느라 내 세계의 고유성을 깎아내렸고 나의 세계는 사람들을 만날수록 흐려져만 갔다. 관계의 본질을 잃었던 셈이다.

아무리 소중한 관계라도 사람들의 마음의 방향은 대부분 그들 자신을 향해 있고, 그것이 당연하고도 건강한 우선순위다. 이 암묵적인 규칙을 받아들이고 나의 중심을 지킬 수 있을 때 건강한 인간관계가 가능한 것을, 어리석게도 나는 오랫동안 '나'를 빼놓고 관계를 바라보려 했다.

오히려 힘을 빼고 가볍게 인간관계를 대하는 사람들일

수록 나를 지키면서도 이로운 인간관계를 맺더라는 것을 나중에서야 알았다.

  사실 모든 인간관계는 대개 영원하기 어렵다. '두 사람의 일시적인 마음의 교환 형태'로 건조하게 정의한다 하더라도 틀리지만은 않다. 오히려 이런 시각이 관계 자체에 매달리지 않으면서도 그 누군가와의 시간에 온전히 집중할 수 있다. 그게 가장 중요한 것이 아닐까.

  혼자서 여행을 하던 중 누군가를 우연히 만나 하루를 같이 보낼 때, 나중에 다시 만나지 못할 걸 안대도, 그리고 그 사람과의 모든 면이 잘 통하지는 않는다고 해도, 함께하는 그 시간만큼이 서로에게 소중한 기억이 되었다면 그것만으로도 충분한 것처럼 말이다.

인간관계 2

Rawww _ 유라

  사람의 마음은 늘 변화한다. 수년 동안 사랑했다가도 하루 아침에 원수가 된다. 혐오했다가 연민한다. 나는 늘 이 점이 혼란스러웠다. 만나는 사람마다 전조증상 관찰하듯 분석하게 되는 것이다. 본래 인간들은 그러기 마련이라고 이해할 뿐일까. '사람의 마음은 변덕이 심하고 영원한 것은 없다. 그러니 큰 기대도 바라지 말자'고.

  으르렁대다가도 쉽게 감동받고 선한 용기를 내기도 하는 인간은, 볼수록 도무지 알 수가 없는 존재들이다. (물론 그 '존재들'에는 나도 포함된다만.) 이런 복잡다단한 모습들 중 유독 어두운 부분에 실망하고 두려워하는 대신 모두 원래 조금씩은 못나고 찌질하고 또 선하고 멋진 구석들이 함께 있다는 것을 받아들여야겠지. 좋았다가 정이 떨어지길 반복하고, 최고의 친구인 것 같았다가 다음날이면 거리가 느껴지기도 하는 이런 가변성이 본디 인간의 성질이라는 점을 이해하면서 말이다.

애초에 사람은 좋은 사람, 나쁜 사람으로만 분류해 나눌 수 없고, 그때그때의 선한 마음들은 그 나름대로 진실이라는 것. 영원한 우정, 사랑 같은 건 없으며, 상호간의 노력으로 유지될 뿐이란 것. 그래서 '평생'의 약속 같은 것은 판타지이며, 그저 그 순간에 진실될 뿐이란 것. 그리고 누가 뭐래도 가장 중요한 건, 나 자신이라는 것. 이 사실들을 (특히 마지막 사실을,) 명심하며 공생해야 하려나 보다.

물론 기왕이면 웃음과 사랑과 감동을 나눌 수 있고 생의 아름다움을 알아볼 수 있는 사람과 함께하면 좋겠다. 나부터도 그런 사람이 될 수 있기를.

인간관계 3

■ '갈등은 세상을 살다 보면 당연한 일'이라는 사실. 관계의 평화를 추구한다 해도 내 의지와는 무관하게 일어나는 갈등 앞에 나에게만 유해한 평화가 능사는 아니기에. 이 사실을 수용해야 인간과 살아가는 것이 자연스러워질 거라는 상담사의 말을 기억한다.

■ 때론 친구 사이에도 심리적 위계가 생겨버릴 때가 있는데, 같은 위치에 서야 오래 관계를 지속할 수 있더라.

■ 간혹 '어떻게 인간이 저렇지' 할 만큼 악취가 나는 사람들이 있다. 고이고 고여있다가 자신의 영혼이 먹혀버린 것 같은. 무엇이 소중한지 길을 잃어버린 사람들일까.
맑고 투명하게 지상에 왔을, 사랑받고 싶고 사랑하고 싶은 다 같은 사람들인데. 무엇이 이들을 그토록 변하게 하는 것인지. 세상에 먹혀들어가지 않고. 새로운 밀물을 반기며 살아야 함을 기억한다.

　내가 가장 경계하는 것이 있다면 이것이다. 한 곳에만 맴돌며 그 세계에 익숙해지고, 나중에는 고이다 못해 썩어버리는 사람이 되는 것. (꼭 물리적인 공간만을 말하는 것이 아니다.) 내가 정의하는 미성숙함이란 자신의 세계와 경험, 생각만이 옳다고 믿는 뻣뻣함이다.

　새로움에 유연하고 생이 주는 감정에 살아있고 싶다. 세상이 던지는 것에 '당하고'만 있지 않고, 해석하고 관찰하며 나름의 가치관을 정립해가며 적극적으로 '반응'하며 내가 만든 보호막으로 내 세계를 지키며 살아가고 싶다.

　성숙함은 새로움, 아이같은 천진함과 상반되는 개념이 아니다. 테두리가 투명하고 유연한, 그렇지만 중심점은 이유있는 단단함을 지닌 사람이 내가 말하는 성숙함이자 나의 지향점이다. 수정체는 늙어가도 눈빛만은 흐리멍덩하지 않은 사람이고 싶다.

집착

Ohm _ ibi

 스치기만 해도 살결이 아프듯 정신이 과민해졌다. 호르몬에 지배당하는 시기에 유독 그렇다. 모든 걸 내려놓고 명상을 한다. 나를 힘들게 하는 이 모든 생각들에 의문을 가지거나 끌려가지 않고. 생각을 생각으로 풀려는 시도를 멈춘다. 생각을 바꾸고 없애려고 씨름하는 것은 결국 생각에 물을 주는 격이다. 결국 거부하고 저항하려는 그 생각은 몸집을 키우고 힘을 얻는다.
 몇 달 전 체지방을 줄여보고자 처음으로 식단관리라는 걸 시도했을 때, 나는 이 생각의 공식을 재확인했다. 매 끼니를 통제하기 시작한 이후로 갑자기 달고 짜고 칼로리가 높은 음식에 집착하게 된 것이다. 평소 슴슴하고 가벼운 음식을 좋아하는 편이었는데도 고단백 저칼로리로 건강하게 먹어야 해'의 집착을 시작하니 '아니! 건강하게 안 먹을거야!'하며 요상한 반작용이 일어났다. 정말 배고픈

것도 아닌데 가짜 허기가 찾아오기도 했다. 결국 나에 대한 통제를 멈춘 이후에 나는 다시 내 건강했던 식습관으로 돌아올 수 있었다.

나에게 좋은 것을 내가 모를 리가 있을까. 사실 누구보다도 잘 알고 있을 것이다. 그러나 회초리를 들고 소리를 지르며 나를 통제하려 드는 방식은 나를 변화가 아닌 두려움에만 반응하게 할 뿐이었고, 나는 그 두려움에 자꾸만 이상한 길로 도망을 갔다.

무언가를 통제하려는 마음을 내려놓고, 놓아주고, 덜어낼수록 우리의 정신과 몸과 마음은 자연스럽게 더 좋은 방향으로 향하게 되어 있다. 여유를 준 만큼 나는 옳은 질문을 하고, 나에게 옳은 답을 찾아간다. 마음에 얽혀 있는 것들은 명확히 바라볼 수만 있다면 더 이상 나를 지배할 수 없는 법이다. 생산성에 그토록 집착했던 과거보다 '생산적이지 않아도 괜찮아!'를 수용한 내가 결과적으로는 더 '생산적'인 인간이 되어 있었던 것처럼.

'안해도 심각할 것 없어' 하는 여유를 두고 슬며시 내 마음을 들여다볼 수 있게 해주는 존재면 충분하다. 폭력적인 관리자가 아닌 어느 상황에서든 나를 응원해줄 든든하고 정겨운 동반자가 되어주자. (부모로서 아이를 양육할 때도 비슷하게 적용되는 태도가 아닐까 싶다. 큰 의미에서 나는 나의 보호자이니.)

생산성

Green Grass _ Ellie Dixon

해로운 자기계발의 중독을 끊게 된 건 대학교 3학년때 쯤이었다. '성공적'인 사람이 되어야 한다는 생각은 어렸을 때부터 강했다. 왜였을까. 그 '성공'이 정확히 무엇이었을까. 밑도 끝도 없이 마냥 '생산적'인 사람이 되어야 한다는 강박이었다. 그 강박은 오랫동안 나를 있는 그대로 받아들이고 사랑하는 데에 방해가 되었다.

'무언가를 이루기 위해 산다'는 생각은 나를 참으로 힘들게 했다. 이루지 않으면 의미가 없나? 내 삶은 의미가 없나? 지금 이 순간은 의미가 없나? 훈장 없는 '나'는 의미가 없나? 이 두려움 가득한 질문은 문득문득 고개를 들고 나를 불행하게 했다. 그 어떤 순간에도 내가 나에게 만족하지 못하게 했고 불안에 떨게 했으며 온전한 현재를 살지 못하게 했다. 학창시절엔 대학을. 지금은 취업을. 미래엔 무엇일까. 내 노후준비가 될까? 늘 준비, 준비, 준비의 과정이었다. 그 과정 속에서 나는 늘 미래에 머물렀다. 현재는 그저 목표를 향해 달리는 과정에서 스쳐가는 흐린 이미지 같은 것이었다.

자기계발에 중독되었던 나는 기준과 이상이 지나치게 높았고 지금의 상태와 지금의 나에 결코 만족하지 못했다. 무언가를 이뤄내지 못하면 의미없는 인생이고 가치없는 나라는 집착. 목표를 향해 나아가는 것만이 중요했다.

결국엔 끔찍하게 구속적인 '이상향의 나'를 놓아주었다. 이전에는 나를 혐오하는 완벽한 내가 현재의 진짜 내 모습보다도 선명했다. 뭘 하든 사사건건 타박을 놓고 비교를 하는 존재였다. 아무리 노력을 해도 지금의 나는 마음 속의 이상적인 나를 따라갈 수 없었다. 목표로 나아가는 과정은 의미가 없었고, 무언가를 이뤄내더라도 완벽하지 않다면 그만큼의 노력은 플러스가 아니라 결과적인 마이너스로만 추산될 뿐이었다. 무엇보다, 그것이 어떤 것이든 간에 병적인 '집착'은 나 자신에게 결코 건강하지 못했다. 있는 그대로의 내 자신은 용납할 수 없고, 인간이 노력해서 안되는 것은 결코 없으며, 안되는 것을 '수용'한다는 것은 게으른 자들의 비겁한 변명이라고 생각했었으니.

물론 우린 모두 특별한 사람이 되길 욕망한다. 인정받고 싶고, 사랑받고 싶고, '의미있는' 존재임을 확인받고 싶은 욕구. 타인에게 증명받고 인정받길 원한다. 그러나 꼭 뭘 이뤄내지 않더라도 충분히 괜찮은 사람임을, 그리고 우리 자신을 있는 그대로 귀히 여기는 법을 일찍부터 배울 수 있었다면 얼마나 좋았을까.

 학창시절 내내 주입된 '열심히 하지 않으면 게으르다, 나쁘다'란 공식. 도대체 누굴 위한 것이었을까. 애초에 교육제도 내에서 배운 것들이 전혀 우리를 위한 것이 아니었음은 고사하고라도, 생산성이 있는 누군가가 되기 위한 오랜 세뇌는 과연 누굴 위한 것이었나. 게으름에 대한 공포, 이때 훈련된 죄책감은 나를 혐오하는 가장 큰 공식이 되었다.

 그 칭찬과 처벌의 실체는 누구일까? 우리는 누구의 지배 아래 훈련된 죄책감을 느끼는 걸까. 일터의 훌륭한 개미가 되라는 자본주의? 우리들은 돈에, 시스템에 어느샌가 거꾸로 지배되고 학습되어왔다. 내 인생은 분명히 나의 것인데. 이 생을 빚진 곳이 없는데. 거대한 시스템의 병정으로 기능하도록 프로그램되었다는 걸 나중에서야 묻고 또 묻고 또 물은 이후에서야 깨닫는 것이다. 돈과 시간의 효율적인 거래를 위해 가장 큰 먹이가 되는 나의 죄책감. 그리고 파블로프의 개처럼 훈련된대로 얻는 피곤함 끝의 뿌듯함.

 그렇지만 나는 '고기능 생산성 기계'로 일하기 위해 이곳에 온 게 아니었다. 못난 것들을 빌미로 협박당해 움직이는 존재가 아니라, 자유의지와 뜨거운 감정을 가지고 기쁨과 경이와 행복에 대한 바람으로 움직이는 영혼이고 싶었다.

그런데 이 세계의 두려움을 최고로 내재화한 모습이 바로 나였고, 내가 내 자신의 최악의 적이 되어 있었으니. 잠잘 때만을 제외하고는 온종일 머릿속에서 조잘대며 나를 구속하는 감독이 있다는 걸 알게 된 이후, 마음 속에서 그 감독을 오랜 시간에 걸쳐 퇴출시켜냈다.

가끔, 아니 꽤 자주, 인생의 흐름은 내가 통제할 수 없는 영역에 의해 좌우된다. 뜻대로 되지 않더라도 내가 어찌할 수 없는 부분을 수용하며 살아가는 법을 배울 뿐.

'성공법' 따위의 '영감적인' 글들이 가진 부작용도 언급하고 싶었다. 나는 이제 그것들을 포함한 모든 조언조의 영상들을 보지 않는 지 오래지만, 학창시절의 나는 그런 메시지에 꽤 집착했었다. 그래선지 나를 사랑하기까지가 참 오래 걸렸다. 나는 그 사이 얼마나 가벼워졌던가.

이 불확실성의 시대에 다시 두려움에 빠지려는 내가 보이면 말해준다. 모든 것은 '덤'이니. 흘러가는 대로 살아가도 괜찮다고. 굶어 죽기야 하겠어.

파도

Tú _ Maye

  살아갈수록 운명론자에 가까운 사람이 되었다. 인간이 알 수 없는, 삶이 인도하는 어떤 방향 같은 것이 존재한다고 느낀 순간들이 있었다. 어쩌면 사람들에게는 정해진 운명이 있을지도 모르지. (결코 증명할 수는 없겠지만.) 내 길의 선택지들 중 '그때의 나에게는 최선이었던' 부분을 밟아가기 위해 그저 노력할 뿐이 아닐까. 그러니 너무 초조할 것도 없다고 되뇌인다.

  그러니 '그래야만 한다' 같은 무거운 짐을 이지 않아도 된다. 인생이 생각보다 그리 대단할 게 없다는 말을 이제 이해한다. 될 일은 되기 마련이고, 일어나지 않을 일은 일어나지 않게 되어 있다. 모든 것에는 시기와 때가 있다. 안주와 비관이 아니다. 파도를 바꾸려고 애쓰지 말고, 파도의 흐름을 잘 이해하고 영리하게 서핑을 할 수 있는 사람이 되고자 하는 것.

결과에 집착하지 않고, 그렇다고 기대를 아예 버리라는 것도 아니고. 그저 매일 할 수 있는, 하고 싶은, 일을 1퍼센트씩만이라도 성장한다는 마음으로 살아가기. 물론, 그 균형이 참 어렵다.

아이

물고기 _ 백예린

 키가 크고 대학교를 입학해도, 정작 내 속은 성장하지 못한 것 같았다. 뭘 해도 몸에 한없이 큰 옷을 입고 있는 것 같고 어른인 척 연기하는 아이 같았다. 변하는 상황이 버거웠고 두려웠다. 남들은 나보다 훨씬 성숙하고 대단해 보였는데 나는 부모님 손을 놓쳐버려 뭐든 혼자 버겁게 해내야 하는 고아 같았다.
 그러다 어릴 때 좋아했던 한 만화를 우연히 다시 봤다. 그 만화를 처음 보던 초등학생의 내가 기억이 났고 그에 비해 지금의 나는 더이상 보호자가 필요하지 않을 만큼 컸다는 것을 깨달았다. 나는 나를 먹이고 씻기고, 재우고, 장을 보고, 요리를 하고, 청소를 하고 빨래를 했다. 문제가 있으면 혼자 해결하고 (또는 전문가에게 도움을 요청하고), 쓰레기통을 비우고, 분리수거를 했다. 집을 꾸미고, 계절이 바뀌면 옷을 정리했다. 밤이 늦으면 내가 안전하게 집에 도착할 수 있도록 예의주시했다. 나는 이미 나의 보호자 역할을 수행하고 있었다. 이따금씩 헤매긴 해도, 절대 울고만 서있을 아이가 아니었다. 내 어려움에 잠식당하지 않으려고 분투했고 명상책과 상담센터를 찾아다녔다. 나는 이미 나를 충분히 책임지고 잘 살아내기 위해, 좋은 보호자가 되기 위해 노력해왔다.

그때 내가 걸은 모든 길이 그때의 나에겐 최선이었고 그리고 생각보다 참 많이 성장해왔다는 사실을 깨달았다. 스스로를 포기하지 않고 노력했기에 살아냈다. 이걸 알게 된 이후, 나와 내가 선 위치에 대한 합일감과 안정감을 찾을 수 있었다.

어쩌면 모두가 조금씩 자신이 성인이라는 사실이 낯선 때가 있지 않을까. 아이같다, 어른답다, 같은 단어들은 우리 마음속에만 존재하고 정의되는 허구의 단어 같은 것일지도 모른다. 어른들은 생각보다 여전히 '아이같은' 면을 갖고 살고, 아이들은 때론 어떤 어른들보다 훨씬 '어른스러운' 면모를 보여주기도 하니.

누구에게나 변화는 두렵고, 처음은 무서우며, 남들이 나보다 더 잘나고 대단해보이기 마련이다. 이 흔한 오류를 기억하면 내가 너무 덜 '어른스러운' 것 같다는 생각 때문에 주눅들지 않게 되더라는.

상대성

안녕히 _ 비비

 온갖 감정의 소용돌이에 고통받던 나는 어떤 이들은 차라리 둔감하고 단순할 수 있어서 좋겠다, 라는 억울함을 내심 품고 살았다.

 그러나 이 세계는 상대성의 세계. 어둠을 경험하지 못하면 빛도 느낄 수 없다. 이미 충분한 사람은 그것이 충분하다는 것을 인지하지 못한다.

 사랑받지 못한 경험이 없는 사람은 사랑받는다는 느낌을 실감하기 어렵고, 부족해본 경험이 없으면 풍족한 상태에서도 풍족함을 느끼기 어렵다. 좌절을 경험하지 않은 사람은 사람들이 말하는 성공의 기준에 부합해도 '성공한' 기분을 느끼지 못한다. 사람들이 이미 가진 것들에 대한 감사하지 못하는 이유는, 그 '가진 것들'에 대한 결핍 상태에 무지하거나 쉬이 잊었기 때문이다.

그러니, 어두운 감정에 예민한 사람은 그만큼 더욱 행복을 깊게 경이롭게 느낄 수 있는 이들이라며 내 자신을 위로한다. 뒤로 가는 발걸음만큼 높이 떠오르는 그네처럼, 더 넓은 세계를 볼 수 있게 되는 거라며.

결과적으로는 이게 더 재밌는 여행이 되는 거지, 뭐. 희노애락이 아주 뚜렷한 익스트림 여행. 고통에 매몰되어 빛을 볼 기회를 잃지만 않는다면, 나름 의미가 있는 인생 아니겠냐며 나름대로의 의미부여를 해보는 것이다. 하하.

/

그리고 이제는 이 글을 썼던 때보다 훨씬 단순한 인생이 가능해졌으니 그것에도 감사하다.

자유

Misty _ Ella Fitzgerald

 불필요한 고통에 얽매이지 않고 내 몸과 마음이 평안하고 가벼운 상태. 혼란과 긴장, 경직으로부터 해방된, 이완된 상태. 이런 나의 지향점을 설명해줄 손쉬운 단어가 바로 자유였다.
 (유명 대사 말투 장착-) "뭣이 중헌디!"
 본질에 대한 물음을 계속 던지고, 자애와 행복으로부터 멀어지게 하는 찌꺼기들은 퇴거명령을 내리고 꾸준히 환기한다. 나는 자유로운 사람으로 살아가고 싶다.
 마음에 여유분을 가지고, 널널하고, 헐렁하고, 가볍게. 나에게 일어나는 일이라고 해봤자 그렇게 심각할 것도 없더라.

사랑

open arms _ November Ultra

놀랍게도 늘, 늘 사랑에 관한 문제이다. 내가 나를 충분히 사랑해주지 못했을 때, 사람들과 세상을 사랑 대신 혐오하고 있을 때. 그때 나와 나와의 단절이 생기고 나와 세상과의 단절이 생긴다. 그 단절 사이에는 한기가 든다.

온기가 들 게 살자. 불씨가 꺼지지 않았는지 확인하고 장작을 지피며 살자. 나와 타인과 세상에 대한 사랑을.

기억도 기록도 한계가 있어서. 모두 담을 수 있는 것도 아니라서. 그저 이 순간에 함께하는 시간 동안, 나에게 소중한 이들에게, 나에게 삶을 준 이 세상에게 충분히, 마음껏 사랑을 주는 것. 그것이 전부이다.

취향과 예민함

창작

Photograph (Her Soundtrack) _ Arcade Fire, Owen Pallett

시인들은 몇분간의 순간을 몇곱절의 상상력으로 치환하는 능력이 있다. 단순한 사실을 보고도 마음을 움직일 수 있는 무언가로 채색해낸다. 결과적으로는 머릿속에 머무는 시간이 많다는 이야기이다. 그래야 순간들 속에서 무언가를 짚어낼 수 있기 때문에.

나는 이 같은 과정이 의도치 않게 매일 반복된다. 머릿속엔 생각들이 늘 떠다닌다는 느낌이 있다. 뭘 접해도 그 진동 폭이 굉장히 크고, 고요한 상태로 돌아오기까지 시간이 걸린다. 그 과정에선 글이든 사진이든, 그림이든. 창작물을 통해 뱉어내야 내가 가벼워질 수 있다.

전업 예술가로서는 요긴한 특성일지도 모르겠다. 그런데 이것이 내 행복에 기여를 하는가, 자문해보니 딱히 상관관계는 없었다. 아니, 오히려 때로는 방해가 됐다. 뭐든 들어오는 만큼 가공이 되어 내보져야만 건강한 평형 상태를 유지할 수 있었고 이 일은 때론 숙제처럼 느껴졌다. 이 물감으로 인한 반 강제 창작, 제한된 저장공간 정리하기 같은 것이기 때문에.

보고 싶은 영화들을 리스트에 저장만 해두고 선뜻 보지 못하기도 했다. 촘촘한 창작물일수록 응집된 힘으로 다가오고, 그만큼 소화하는 시간이 길어지기 때문이다. 반응하는 감정에 따라 깊게 자국이 남고 에너지를 오래오래 소진해버린다. 한번은 감동이 대단했던 영화를 보고 와선 씻지도 못한 채 침대에 누워 1시간동안 글을 쓴 적도 있다. 여러 사람들을 만나는 것, 새로운 환경에 노출되는 것 또한 어려웠다. 자극의 폭격을 맞는 느낌이었기에.

자라면서 이런 내 특성을 위해 효율적으로 생각과 감정을 내보낼 수 있는 시스템을 마련해야 했다. 초등학교 6학년 때 블로그를 만들었던 것이 처음 출발점이었다. 시간이 지날수록 글이 쌓였고 보다 체계적인 글 분류 메뉴를 만들었다. 대학생 때부터는 더 빠르게 접근할 수 있는 핸드폰 메모장에 압축적으로 기록하기 시작했다. 그러다 보니 이를 단상집으로 모아 매달 블로그에 저장하는 루틴이 생겼다.

이렇게 해서라도 내 안의 것들을 내보내는 것의 피로감을 조금씩 줄여나가야 했다. 말하자면 내 뇌에 대응하는 필사적인 생존 전략 같은 것이었다.

그런데 꽤 신기한 일이 일어났다. 치료를 위해 약을 먹은 이후로 창작의 욕구나 빈도가 80%는 감소한 것이다. 넉 달 동안의 글이 한달 분량과 비슷해졌다. 우글거리던 생각들도 잠잠해졌다. 삐죽거리던 예민함이 전체적으로 둔해졌고 외부 세계에 대한 시각이 단순하고 고요해졌다.

그때 알았다. 아, 선천적으로 내 뇌는 남들에 비해 감각적인 수용체, 안테나 같은 것들을 너무 많이 가지고 있구나. 나는 기질적으로 예민한 사람이었다.

반응체를 둔감하게 만들 수 있게 된 이후로, 삶을 복잡하고 때론 심각하게 바라보는 데 진이 난 나는 그저 단순하게 살자, 마음먹었다. 머릿속에 사는 대신 나가서 부딪히고 경험하는 사람이 되자고.

그저 현재에 단순히 존재함을 택하고 연습했다. 조금이라도 생각이 복잡해져 쌓일라치면 핸드폰에 써둔 '대충 살자'는 문구를 바라보았다. (좀 극단적이지만 나에게는 효과적인 문구...)

사실 떠오르는 생각들은 대개 대단히 밝고 활기찬 것보다는 그 반대의 것들이 많았다. 서점에서 소설 한 권을 집어들고 그 세계의 온도를 들여다보면 높은 확률로 그 책은 이 세계의 빛보단 그림자에 주목하고 있을 것이다. 빛은 꽤 단순명료하지만 그림자는 파고들어갈 게 많으니까.

물론, 창작하는 삶은 여전히 나의 일부이다. 이전과 달라진 것은 더 이상 의무감에 절어 하지 않는다는 것. 보다 즐길 수 있게 된 것. 그것에 무척 후련하고 감사하다.

단어

단어를 고르는 일은 생각보다 재미있다. 적확한 표현을 찾기 위해 호두 알 굴리듯 언어들을 머릿속에서 세밀하게 굴릴 때의 순간은, 그리고 딱 맞는 표현을 찾았을 때의 그 쾌감은 이루 다 말할 수 없다.

그런데 이 과정에서 답답한 게 한가지 있다. 국어사전이 영어사전보다 빈약하다는 것이다. 제대로 갖춰진 온라인, 무료 한국어 유의어 사전이 (2021 기준으로) 단 한 곳이 없다. 실물 유의어 사전도 빈약하기는 마찬가지다. 영어 유의어 사전은 넘쳐나는데 한국어는 아예 찾아보기가 어렵다니, 외국어보다 당연히 더 쉽게 제공되어야 할 서비스가 아닌가.

찾고 찾은 끝에 최선은 어떤 한 어휘연구소의 통합 사이트같은 곳이었다. 유료인데다가 그럼 실물로 살 수 없냐고 메일을 보냈더니 백만 원이 넘는 금액을 제안해왔다. 기관에서 연락을 해왔다고 생각한 것 같았다. 그것도 몇년 전 일이다.

    제대로 된 유의어 국어사전을 한 권 소유해서, 수려한 한국어 단어들 사이서 마음껏 뛰놀고 싶다. 아니면 최소한 형용사만이라도 다양하게 갖춰놓은 사전이라도 있었으면. 내가 쓰지 못한 단어들이 많을텐데 '늘, 맨날, 너무, 정말, 많이' 같은 닳고 닳은 단어들에 의지하는 게 싫다. 한국인으로서 한국어의 가치를 온전히 활용하지 못하는 기분이다.

평가

Intertwined _ dodie

  좋은 음악 나쁜 음악으로 나누기를 그만 두었던 것은 때론 별로라고 생각했던 음악이 딱 맞는 상황을 만나면 놀랍게 아름다웠기 때문이었다. 그런데 영화도 마찬가지였다.

  오늘 영화 '월플라워'를 다시 봤다. 대학교 1학년 때 홀로 구름낀 기숙사 방에서 보던 '월플라워'는 마음이 아릴 만큼 기억에 남는 영화였다. 오늘 다시 보니 그때만큼의 감흥은 느낄 수 없었다. 그때는 나를 건드리는 무언가가 맞아떨어졌던 것이고, 지금은 그 무언가가 없는 것이었다.

  음악도 영화도 옳은 시기 옳은 때가 있는 법이다. 내가 어떤 맥락과 상황에서 접했는지, 어떤 관점을 가지고 보았는지에 따라 달라진다. 왜 나에겐 별로라고 생각했던 몇몇 영화들이 누군가에게는 만점이 되는 영화인지 이제

이해한다. (물론, 이런걸 고사하고도 그냥 저질이다 싶은 작품이 있지만, 그런 사례는 빼놓고 이야기하는걸로.)

오늘의 '월플라워'가 그저 그렇다는 건, 슬프다기보다는 좋은 일일지도 모르겠다. 월플라워라는 뜻처럼 마음의 구석진 곳에 서 있는 주인공 찰리와 나는 이제 좀 달라졌다는 것이다. 그의 세계와 나의 세계가 맞닿는 곳이 아파 공감이 되었던 그때와 달리 지금의 나는 단단하고 건강해졌다는 의미이다. 인생의 시기에 따라 이렇게 보이는 게 달라질 수 있구나 싶어서 놀랐다. 기준은 한가지일 수 없구나. 작품을 평가할 때 오만해지지 말자.

게임

Hallucinating _ Elohim

　게임 '심즈'는 가상의 마을 속 가상의 캐릭터와 가상의 가족을 꾸리고, 일을 하고, 집을 꾸미고, 사람들을 만나는 게임이다. 유행했던 닌텐도사의 '동물의 숲'보다 더 미국스럽고 정교한 버전이랄까. 초등학생때를 제외하고는 게임에 통 흥미가 없는 사람인데도 20대에 유일하게 좋아한 게임이었다. 게임 속 건축과 인테리어에만 관심이 있던 나는 집 짓는데에만 열성이었지만, 무엇이든 될 수 있고 무엇이든 할 수 있다는 심리를 자극해서 성공한 게임이 아니었을까 생각한다.

　그런데 그 게임을 하던 중 문득, 이미 나는 지구라는 오픈맵 속에 사는 캐릭터가 아닌가 하는 생각이 들더니 인생이 조금 더 재밌어졌다. 가능한 이동의 범위, 능력치를 쌓을 수 있는 활동, 만날 수 있는 사람, 살 수 있는 곳, 먹을 수 있는 것까지, 소위 '자유도'가 대단한 게임 아닌가.

물론 진짜 돈이 있어야 한다는 (다소 치명적인) 차이는 있다만.

이렇게 생각해보니 내가 내 캐릭터를 두고 너무 제한적인 것만 하고 있는 게 아닌가 싶어졌다. 그리스 요리 레시피도 도전해보고, 친구들과 파자마 파티도 열어보고, 무대에도 서보고, 전시회도 열어보고, 책도 내보고(달성-!), 토마토 모종도 심어 키워보고, 우주와 뇌와 역사와 인류학의 흥미로운 이야기들도 더 탐구해보는 이 모든 것들이 나에게 이미 주어진 가능성이 아닌가.

이런 재밌는 '미션'들이 애초에 가능한 선택지였다는 사실을 자주 잊고 살아가는 것 같다. 생이라는 티켓을 얻었는데 주어진 기회들을 매일 날리며 좀비처럼 살아가고 있었다니. 최소한 심즈 캐릭터보다는 더 생기있게 살아야 하지 않을까 싶다.

너무 비싸지도, 너무 어렵지도 않고, 남에게 피해를 주지도 않는 선 안에서 도전할 수 있는 미션들은 생각보다 무궁무진하다. 앞으로 조금은 더 유쾌한 짓을 하며 살아도 되지 않을까. 내일은 자전거를 빌려 천변을 달려봐야겠다.

운동

Dancing in the moonlight _ Toploader

　영화 '금발이 너무해' 속 주인공 엘은 그 맑은 얼굴로 심각하게 말한다. "운동하는 사람은 사람을 죽이지 않아요!" 운동을 하면 엔돌핀이 도니 행복하지 않은 사람들이 저지르는 살인은 절대 할 일이 없다나 뭐라나. 그런데 그 단순하고도 웃긴 대사가 왜 그렇게 오래오래 기억에 남던지.

　운동을 시작해야겠다고 마음먹었다. 스쿼시장, 요가원, 복싱장, 헬스장까지 기웃거리며 나에게 맞는 운동을 찾아 돌아다녔다. 혼자 집중해서 할 수 있는 운동이 맞다는 걸 알게 된 이후 이제는 거실에 요가매트를 깔고 음악을 틀어놓고 몸을 움직인다. 주로 요가와 맨몸운동의 대표적인 동작들을 병행한다. 게으름을 부릴 때도 많지만 한번 운동을 하고 나면 뻐근한 근육통과 가쁜 숨소리가 상쾌하게 느껴진다. '건강한 육체에 건강한 마음이 깃든다'는 오랜 말을 역시 무시해서는 안되는 것이다.

비극

Dancing With Your Ghost _ Sasha Alex Sloan

비극을 다루는 작품에 의구심이 들 때가 있다. 역겹고 축축한 인상을 주는 사건을 사실적으로 묘사한다는 그것 자체 이상의 의미를 남기지 않는 영화, 문학을 접할 때 그렇다.

나에게 좋은 작가, 좋은 연출자란 끔찍한 소재를 다루더라도 약자에 대한 조심스런 시선을 바탕으로 영리하고도 섬세하게 풀어내는 사람이다.

인간에 대한 분노, 허무, 공포를 양산하는데 그치는 작품보다 '그럼에도 불구하고' 인간의 희망과 용기와 사랑을 말하는 작품이 좋다. 돈과 시간을 들여 영혼이 상하는 작품을 접할 때의 기분이란.

종이에 색연필, 2018

그림

인물화는 선과 인간의 표정, 눈빛, 분위기, 굴곡에 따른 빛, 비율 모두를 오래 관찰하고 집중하게 되어 가장 재밌다. 그 중에서도 사랑하는 부분은 눈. 인간의 내면이 가장 섬세하고 투명하게 드러나서다. 인물화는 선의 질감이 사는 연필을 사용하길 좋아한다.

다음으로는 새, 노을 풍경처럼 다채로운 색을 가진 정물화나 풍경화. 색에 집중하는 시간이 좋다. 이럴 땐 색연필, 그리고 유화 물감을 즐겨 쓴다.

사실 나에게 그림은 창작이라기보단 명상에 가깝다. 관찰과 모방의 단계에 머무르기 때문이다. 인간 및 동물의 신체 구조와 비례, 구도, 재료의 특성과 색감에 대한 이해가 모두 갖춰질 때 참고 대상이 없어도 흰 바탕을 풍부히 채울 수 있겠지. 얼마나 멋질까. 어떤 인상과 느낌만으로도 능란하게 손을 놀릴 수 있다면 말이다.

의견

조언

째깍째깍째깍 (with Beenzino) _ AKMU

 우리는 인생의 어떤 지점마다 크고 작은 선택을 한다. 그것이 A라는 방정식의 형태를 그릴 때, 과연 '그래서 인생의 공식은 A'라고 말할 수 있을까. 그 사람에게는 돌아보니 A였을 뿐. 다른 사람들은 돌아보니 B였고 C였고, Z였을수도 있다. 단 하나의 만능 공식은 존재하지 않는다. 미시적인 선택을 하며 그래프를 그려나갈 뿐이다. 그러다가 수십년이 지나고 보면 이런 방정식이 되어있구나, 그때서야 뒤돌아보는 것.

 자신의 절대적 기준으로 타인을 재단하거나, 자신만의 생각이 너무도 옳다고 확신하는 것만큼 해롭고 위험한 것도 없다. 그 마음들의 출발점은 대개 자신의 에고를 장식하고 강화하고 싶은 우월감 혹은 열등감에서 비롯한다. 무언가에 '확신'을 가지는 것이 타인에 대한 배타성을 내재하는 것은 아닌지 경계하고 자주 그 이면을 살피고자 노력해야 한다.

그래서 자신의 조언에 대단한 확신을 가지고 설교하는 사람들, 타인을 잘 안다는 듯 재단하고 정의내리는 사람들은 멀리하게 된다. 사회적 문제를 다룬다는 명목을 가지더라도 상관없다. (정말 어떤 문제에 앞장서는 사람들은 이런 느낌을 주지 않았다. 배타성은 결코 지속가능하지 않다.) 살아온 햇수와 인생의 지혜가 당연히 비례하다고 믿는 사람들도 마찬가지. 키아누 리브스가 어느 영상에선가 "I hate giving advice."라고 말했던 게 상당히 인상적이었던 기억이 있다. 나도 싫다. 타인이 먼저 요청한다 해도 무척이나 조심스러운 게 조언이다.

모든 사람에게 동일한 퍼즐 조각이 맞지는 않는다. 그때는 맞지만 지금은 틀리다. 너에겐 맞지만 나에겐 틀리다. 시간이 지나며 나를 이해할수록 맞지 않는 퍼즐 앞에 그 퍼즐이 아닌 퍼즐을 못 맞추는 나를 탓하던 일이 줄어든다. 내가 문제였던 적은 사실 별로 없었다. 그 퍼즐이 틀렸던 경우였다. 맞지 않는 조각을 구겨 넣을 게 아니라, 나에게 맞는 조각을 찾으면 될 일이었다. 다른 선택지의 퍼즐도 반드시 존재하기 마련이니까.

그러니 내 자신만 믿어둔다 해도 괜찮다. 직접 부딪혀 보고, 나만의 답을 낼 것. 그것이 나에게만큼은 최고의 정답이다.

성공

 닳고 닳은 성공신화 이데올로기, 합리화되고 미화되는 고생담 구조가 나는 싫다. 그만큼 노력해서 가능한 일이었겠지만 그 끝에는 결국 운이 작용했음을 그 누가 부정할 수 있을까. 극소수가 스포트라이트를 받는 동안 그 아래엔 기약없는 희망고문으로 젊음을 희생시키는 수많은 연습생들이 존재하는 것을.

 인간의 '제품화'와 경쟁주의, 감정노동은 차치하고라도, 한국의 아이돌 문화와 그것과 닮은 사회는 비정상적이고 기형적이지 않은가. 소수의 성공을 예찬하는 사회보다 다수가 행복하기를 지향하는 사회였으면. 그리고 성공과 희생이란 단어에 집착을 버리는 사회였으면 좋겠다.

순응

 갑질하는 상사에 머리를 조아리는 회사원, 무거운 가방을 이고 깜깜한 밤이 되어서야 학원에서 나오는 학생이 등장한다. 그때 홍삼을 내미는 손이 나오며 감동적인 음악이 깔린다. 어느 흔한 건강식품 광고의 장면 중 하나다.
 이런 식의 광고가 불편했다. 사회에서 문제가 되는 모습을 '이겨내는' 것을 그 개인의 영역으로 만들면서 이를 감동으로 포장하며 보여주지 않아도 이들을 묘사할 방법은 충분히 많다. 이런 연출은 무의식적으로 '사회생활이 다 그렇지', '입시가 다 그렇지'라는 생각으로 치환되기 용이해진다.
 현실이 그러니까 문제없다고 할 수 있을까. 결국 이런 광고는 개개인이 사회의 문제를 그저 당연하고 무던하게 받아들이도록 만드는, 방관적인 시선이라고 본다. 공론화를 흐릿하게 하고 무력화하는 것이다.

차라리, 너무 활동적인 강아지 때문에 이리 저리 뛰어다니는 견주, 한겨울에 여름 샌달을 신겠다고 우기는 아이와 부모의 귀여운 실랑이 같은 사례를 묘사했다면 불편함 없이도 그 광고의 메시지가 분명하게 와닿았을 것이다. 이 사례들은 실제로 어쩔 수 없을 뿐더러 꽤 흔하고 당연한(?) 일이기 때문이다.

과도한 입시경쟁과 직장 내 폭언은 '어쩔 수 없이 당연해야 하는' 것이 아니다. 참고 받아들이며 홍삼을 먹으며 이겨내야지! 가 아니라는 것이다. 누구나 겪는 거니까 잘 이겨내, 순응해, 라는 메시지는 그래서 불쾌하다. 그 문제를 바꿀 수 있고, 정말 '문제적'이라고 본다면, 그것이 당연한 것으로 비춰져서는 안된다는 것이 나의 생각이다.

외국어

이태원도 아닌 우리 동네 카페의 한국어 없는 메뉴판, 채소 코너라는 말 대신 VEGETABLES라는 말만 쓰인 대형 마트. 영어가 우선될 이유가 있었을까.

엉뚱한 맥락에 이상한 영어를 끼워넣어 황당한 경우도 많다. 노래 가사와 영화 제목, 옷과 인테리어 프린트, 간판, 메뉴판, 공공시설 안내문까지. 한국 드라마에서 묘사되는 '고급 상류층'들은 늘 영어를 좋아하고, 이제는 영어가 너무 식상해졌는지 프랑스어도 종종 보인다.

막상 영어가 정말 필요한 관광지에는 요상한 번역이 쓰일 때도 많다. 코로나를 겪으며 실은 미국이든 프랑스든 그렇게 대단한 나라가 아니라는 사실을 많은 사람들이 알게 되었으니 곳곳에 존재하는 은근한 사대주의가 달라질 수 있을까. (단순히 영어가 더 장식적으로 용이해서라면, 이를 기회로 한국어의 타이포그래피를 발전시키면 되는 일이다.)

채식

GREEN _ Hiroshi Yoshimura

  인간이 다른 종보다 지능이 발달하고 자의식이 분명해지면서 생긴 변화가 있다면 동물을 먹는 것에 죄책감을 가질 수 있게 된 것. 사자는 가젤을 먹으면서 가젤에게 미안해하지 않는다. 그러나 인간은 채식주의자가 아니더라도 그들의 고통을 모를 수가 없다. 애써 무시할 뿐이다. 그렇지 않으면 맛있는 고기를 즐기며 먹을 수 없으니까.

  (자연이 인류를 소멸시키지 않는다는 전제 하,) 먼 미래에는 인류가 공장식 축산과 도축 대신 다른 방식으로 단백질을 섭취하고, 옛날에는 인간들이 이렇게 고기를 먹었다더라 하는 역사에 놀라워하지 않을까.

  물론, 나는 여전히 그 '옛날 인간'으로서, 고기의 맛에 굴복하면서 애써 그 고통을 무시하기도 한다는 점을 고백한다. 그렇지만 탄소 배출량 등 환경적인 문제만큼은 외면할 수가 없는 것도 사실. 채식을 원래 더 선호하는 내 입

맛에 감사하고, 인간들이 육류 과소비를 하고 있다는 사실을 상기하려고 한다.

  사회적 소수자의 문제에 대한 전반적인 인식 수준이 높아지고 있다. 언젠가는 다양성 그 자체가 표준이 될 수 있을까. 그것은 사실은 희망사항에 가까운 것 같지만. (인간의 이기심은 교정될 수 없다는 비관 때문이려나. 그렇다고 해도,) 그런 날이 오면 좋겠다.

어떤 시민

West Coast Love _ Emotional Oranges

둔하고 무지할수록 속 편히 살수 있고, 깨어있을수록 도덕적으로도 사회적으로도 '불편한' 것들이 늘어난다. 둔한 시민들과 깨어있는 시민들 간의 차이가 커질수록, 시민들이 사회적인 문제에 대해 알아가고자 하는 의지가 미약할수록 그 사회는 발전할 수 없다. 그런 사회에서는 바꿔보고자 노력하는 집단을 '세상 예민하고 피곤하게 사는 인간들'로 정의하기 쉬워진다. 오히려 '덜 사유하고 조용히 묻어가는' 사람들이 그냥 유쾌하게 살 수 있는 것이다.

중학생 때 나는 환경문제에 관심이 많았다. 충분히 개선할 수 있는 부분이 보이는데도 나아지지 않는 음식물 낭비와 재생종이 사용 제안, 에어컨 적정온도 등에 대해서 교장 선생님께 건의문을 써서 올린 적이 있었다. 나를 기특하게 생각하셨는지 방송은 하셨지만 받아들여지진 않았고, 주변 친구들도 관심이 없었다.

그 당시엔 비건이니 텀블러 사용이니 하는 환경문제에 대한 인식 정도가 낮을 때였다. 하지만 나는 그 당시 또래 아이들을 보며 답답해했다. '어떻게 저렇게 무관심할 수 있지?' 하면서. 나중에는 혼자 지쳐 결국 나도 '적당히 묻어가는' 사람이 되었다. 속만 닳고 변화는 만들지도 못한 채.

지금은 학생들이 직접 목소리를 내기도 하고 사회적으로도 인식이 많이 변화했으니 훨씬 마음의 부채감이 덜하지만 (아니면 그때에도 그저 내 주변에만 그런 친구들이 없었을 뿐이었을지도 모르겠다만) 그 당시에는 무척이나 외로웠다. 사회 전반의 인식수준이 비슷해지기 이전에 먼저 행동한다는 건 꽤 어렵고 힘든 일이었다.

나중에서야 나는 분노의 에너지보다는 해탈에 가까운 마음으로 결국 '포기하지 않고 똑똑하게 지속하기'가 중요하다는 사실을 깨달았다. 마음을 해치지 않는 선에서 할 수 있는 걸, 감당할 수 있을 만큼 해나가면 되는 것.

내가 바꿀 수 있는 문제와 그럴 수 없는 문제의 경계를 어디에 두어야 하는지, 내가 어디까지 바꿀 수 있다고 생각하고 노력해야 하는지, 적당히 무던하게 살며 이기적으로 내 행복을 추구하는 게 맞는건지, 이런 고민도 들기 마련이다. 그러나 결국 무엇이든 개인의 고통을 초래한다면 아이러니한 일이 아닐까. 우선은 개인의 안녕함이 우선되는 감당 가능한 선을 기준으로 삼아야 한다는 것. 그것이 내가 내린 결론이다.

 무엇보다 부정적 감정이 아닌 긍정적 감정이 실천의 에너지가 되어야, 더 오래, 더 같이 할 수 있다는 것이 중요하다는 걸 이제 안다. 가령, '너는 왜 몰라?', '너는 왜 안 해?'가 아니라, 이 선택을 하는 게 이런 점에서 좋더라, 이런 사실이 있더라, 하고 직접 실천하며 보여주는 플러스(+)의 에너지로 접근하는 것이다. 그래서 한편으론 중학교 때 난 뭐가 그렇게 비장했나 싶기도 하다. 막상 가볍게 접근하면 내 마음에 동의할 친구들이 분명히 있지 않았을까 싶고. 보다 유연한 마음이 필요했다.

 누구든 완벽할 수는 없기에 오만할 것도 주저할 것도 없다. 어떤 사람이 완벽히 '이러이러해보이지 않는다'는 이유로 비하하는 것만큼 사람들의 용기있는 변화를 저해하는 것도 없다. '그럼에도 조금씩 나아지고 있어' 하는 믿음으로 함께 걸어가는 것이다.

 영화 '재심'의 모티브가 된 박준영 변호사가 한 프로그램에서 얼마나 담담한 표정으로 자신의 투쟁 과정을 이야기하던지 놀라웠던 기억이 있다. 의미있는 변화를 이끌어냈던 이들은 이렇게 묵묵하고 우직하게, 플러스의 힘으로 나아가는 사람들이었다.

초연결사회

If I Were _ Vashti Bunyan

초연결 사회Overconnected Society. 현대사회학이론 수업에서 접했던 표현이다. 자신의 사소한 일상까지도 기꺼이 공유하는 지금, SNS를 하지 않더라도 나의 일상과 경험을 온전히 나만의 것으로 감각하는 것은 자꾸만 어려워지는 듯 하다.

인터넷에서 오래 머무는 이들과 그렇지 않은 이들의 빈부격차가 있다는 걸 듣고 충격을 받았더랬다. 현명한 사람들일수록 오롯이 현실에 머무는 시간을 더 가치있게 여긴다. 과거엔 인터넷이 현실의 도피처로 여겨졌다면 이제는 인터넷이 우리의 현실이 되어버렸다는 말에 공감하지 않을 수 없다. 현존의 방법을 자꾸만 잊는다. 타인의 맥락에서 나의 것을 보며 비교와 평가를 하고 만다. 이것에서 오는 피로감이 얼마나 큰가.

책 '미드나잇 라이브러리'에서 주인공 노라는 남극의 허허벌판 앞 홀로 북극곰을 경계하며 이런 생각을 한다.
/
"예전에 밤이 되어 죽고 싶다는 생각이 들 때면 노라는 그 이유가 고독해서라고 생각했다. 하지만 사실은 진정한 고독을 느끼지 못해서였다. 분주한 도시에서는 외로운 마음이 어떻게든 다른 사람과 연결되기를 갈망한다. 마음은 인간과 인간의 연결이 가장 중요하다고 생각하기 때문이다. 하지만 순수한 자연(혹은 소로의 표현대로 하자면 '야생이라는 강장제') 안에서는 고독이 다른 성격을 띈다. 고독 안에서 자체적으로 연결이 이뤄진다. 그녀와 세상이 연결되고, 그녀와 그녀 자신이 연결된다."

- 매트 헤이그, 미드나잇 라이브러리, 185p

  책의 완성도를 떠나 이 글만큼은 내 맘에 오래 남았다. 호젓하고 광활한 대자연 앞에 인간은 외롭다기보단 해방감을 느낀다. 오히려 군중 속의 혼자가 외로운 것이다.
  밤낮이고 수많은 데이터가 수신되고 발신된다. 새벽 3시에도 게임 방송을 하는 사람들이 있고 배달음식을 싣고 오토바이는 달린다. 도시에 살며 자기 전 온전히 편안함을 느낀 적 있던가. 서울의 밤은, 밤이어도 밤인 것 같지 않을 때가 많았다.

가끔 사람들이 이따금씩 여행 충동이 일어나는 것도, 소란한 흐름에서 '단절'되기를 열망하는 것이 아닐까. 물리적으로 거리를 두고, 낯섦에 뛰어듦으로써 익숙한 것들에 거리를 두는 것. 확실히 고독해지기 위해서 말이다.

여행은 이방인으로서 머무는 숙소의 방 안, 이방인으로서 움직이는 내 이동경로만큼의 공간에 존재하는 내 삶을 느끼는 것이다. 누군가와 함께 하는 여행도 그렇다. 여행에 동행하는 사람들과의 공간과 시간이 유독 더 소중하고 안온하게 느껴지지 않던가. 또 그곳이 낯설수록 그렇지 않은가. 존재성이 랜선을 따라 무한히 배회하지 않고, 소란하게 이곳저곳으로 튀지 않는 것이다.

과거에 오랫동안 막연히 해외로 떠나 살고 싶었던 것도, 생이 '이곳에 있다' 라는 그 기분을 생생하게, 고독하게 느끼고 싶기 때문이 아니었을까 생각해본다. 15시간은 비행해야 도달할 수 있는 물리적 거리만큼 자유롭길 바랐던 것이었다. 그렇지만 애석하게도 그 어느 곳도 오래 머물면 익숙함의 자국이 남기 마련이다.

그러니 결국엔, 익숙함의 자국이 남아버린 곳에서도, 인터넷 공간에 걸쳐 있는 소란한 공존 속에서도, 내 자신의 마음을 바로 세우는 것이 중요해질 것이다. 사막 한가운데나 외딴 무인도 같은 곳에 살지 않는 한 이미 피할 수 없는 현실일테니.

어디 있든 내 마음과 생각의 건강한 균형을 유지하기. 소란한 정신을 해방시키고 휴식을 취하기. 아, 그런데 그게 참 어렵다. 인터넷 사용부터 좀 줄이는 것으로.

현대미술

Bistro Fada _ Stephane Wrembel

지금의 미술은 있는 자들의 투자 대상 정도가 된 거 같다. 가격을 매기는 틀 자체가 붕괴될 수는 없겠지만. 실력보다는 명성으로 더 유명해지는 상업성과 스타성의 세계, 대중에서 멀어지는 현학적인 세계로 다가온다. 고상하고 심오한 얼굴로 그 작품의 가치를 논하면 사람들은 "오! 역시 그렇군!" 하며 의미를 부여하고 추앙한다. 프린트에 기계적으로 페인트를 찍어바른 작품에도 극찬을 늘어놓던 '선물가게를 지나야 출구' 영화 속 사람들처럼.

'자, 이런 뜻이니까 이해해봐' 식의 일방향 소통 대신, 일반 대중들 사이에서 솔직한 소감과 의견을 나누는 문화가 활발해지기를 바란다. 예술의 탈권위를 향해.

물론 개중에는 "네가 미술에 대해 뭘 몰라서 그래" 라고 말하는 사람들이 있다. 정말 더 배우고 나서 바라보면 달라질 생각이려나. (아, 무지해서 미안합니다.)

시트콤

나란히 나란히 _ 장기하와 얼굴들

 시트콤을 보다가 나도 모르게 그 프로그램의 인기요소를 분석하는 나를 발견했다. (졸업 논문 주제 선정에 골머리를 앓던 때였다.)

 웃음으로 포장되어 있지만 시트콤들은 기본적으로 블랙 코미디가 깔려있고, 아픔과 상처를 숨기고 있다. 어린 시절 트라우마에 대한 방어기제로 허구한 날 농담을 하는 프렌즈의 챈들러, 완벽주의 엄마에게 인정받지 못해 자존감이 낮은 빅뱅이론의 레너드처럼. 주인공들은 주변에서 최고로 잘 나간다는 소위 '엄친아'들이 아니라, 무언가 어설프고 우습다. 그런 인물들 속에서 내 모습을 발견하기에 심리적으로 가까워지는 것이다.

 또 시청자들은 그들이 쌓는 사랑과 우정을 간접적으로 제공받게 된다. 돌아보면 내가 시트콤을 하루종일 틀어놓던 시기 나는 많이 외로웠고, 우울했으며, 사람들 사이의

끈끈함과 안정감을 그리워했다.

  국내 드라마 '응답하라' 시리즈가 인기를 끌 수 있었던 것도 이 때문이 아닐까. 변화의 폭은 커지고 미래는 불확실한 이 시대에 화면 속에서 제공되는 익숙하고 안온한 정겨움과 큰 변화 없이 반복되는 공간과 일상적인 루틴이 주는 안정감. 또 누군가에게 연결되어있다는 행복을 대리만족할 수 있다는 점 말이다. 조금 슬프지만, 이렇게라도 마음의 헛헛함을 채워줄 수 있다면. 그것이 시트콤의 순기능이겠지.

사회학적 상상력

오래 스며드는 일에는 사람들이 그 일의 심각성을 차츰 잊게 되나 보다. 단적으로 몇년째 함께하는 코로나 바이러스를 예로 들 수 있다. 지금까지의 인류 역사상으로도 상당히 충격적인 사건이지만 며칠, 몇 달, 몇 년이 지나다 보니 우리는 마스크 착용과 거리두기를 일상의 일부로 받아들인 지 오래다. 후대에는 역사책에서 지금의 시기를 다루며 '이때 사람들은 어떻게 살았을까' 싶겠지만, 무엇이든 꾸준히, 천천히 스며들다 보면 무뎌지고 마는 것일까. 전무후무한 재난상황조차도 익숙해져 버린 우린 적응의 동물이구나.

그런 식으로 작게는 가정에서의 폭력이, 크게는 전쟁까지도 적응을 통한 '일상화'의 영역이 되어버리는 것은 아닐까. 아침에 태평히 일어나 활자로 마주하는 누군가의 비극에 무표정해질 수 있는 인간은 잔인하지 않은가.

누군가가 갑자기 피켓을 들고 '이 문제는 심각한 일이야!'라고 외치더라도 그 문제에 이미 익숙하다면 우리는 '그렇지, 맞아' 하면서도 큰 반응 없이 그곳을 지나쳐버릴 것이다. 오랫동안 언급되어온 문제일수록 그 심각성도 잘게 잘게 부서지기 때문이다. 인간들의 뇌는 아무리 심각할 일이라도 아무렇지 않게 적응하도록 프로그램되어버린 것 같다.

성찰하고 인지하고 탈출해야 한다. 사회학과로서 처음 배웠던 표현이 바로 '사회학적 상상력'. 당연한 것을 당연하지 않은 것으로 다시 볼 수 있는 시각을 기르는 힘이다. 이는 모든 인간에게 필요한 시선이 아닐까.

경이

The Other Side _ Moonchild

해가 뜨고, 지고, 달과 별이 빛나는 이 반복되는 주기 속 시시각각 변하는 하늘과 땅의 색채. 자줏빛 석양과 연두색 나뭇잎. 유채꽃 노랑과 깊은 심해의 파랑.

몸을 훑는 바람과 그림같은 뭉게구름. 계절이 바뀔 때마다 달라지는 공기의 향과 밤에 듣는 빗소리, 풀벌레 소리, 파도 소리. 창밖으로 보이는 이름 모를 새 한마리, 우연히 발견한 길고양이.

유일하게 생명을 품어준 이 신비하고도 놀라운 행성에서 우리는 숨쉬며 살아가고 있다.

수많은 기적과 우연을 거치며 만들어졌을 이곳. 눈앞의 일상에 치이며 인간들이 자주 잊을 뿐, 생과 죽음의 경계에서 또렷해지는 건 이렇게 당연하게 주어진 것들에 대한 경이로움이다.

청춘에게

Vineyard _ 우효

  무언가를 시작하려는 청춘들에게 "어려워", "힘들어", "하지마", "안돼" 같은 말이 얼마나 문제인지 실감하는 중이다. 막막하기만 한 미래 앞에서 그 말들은 도전 그 자체를 공포스럽게 할 뿐더러 그 영향력도 결코 사소하지 않다. 그 말은 맞을 수도 있고, 대단히 틀릴 수도 있다. 이 말을 듣는 수많은 청춘들은 실패조차 해볼 기회를 잃을지도 모른다.

  비관적인 말들을 늘어놓으며 시도를 막는 사람보다도 '도전해봐, 그런데 이 길이 아닌 것 같다면 늘 다른 길은 있어. 그러니 실패해도 괜찮아.' 라고 말해줄 수 있는 인생 선배가 많아지길 바란다.

  주변에 20대를 지나온 사람들은 이야기했다. 가장 걱정이 많은 시기였지만 돌아보면 너무 쓸데없이 걱정이 많았던 것 같다고. 25살인 나도 20살의 나에게 "너 너무 걱정이 많아. 조금 더 즐겨도 괜찮았을텐데." 라고 말해주고 싶은 걸 보면 틀린 말이 아니다.

  스무살때부터 지금까지 걱정만 하면서 보낸 시간들이 너무나 많다. 5년 후에는 지금의 내 나이도 참 예쁜 나이라고 하지 않을까. 스무살일 땐 스무살의 가치를 모르고, 스물 다섯에는 스물 다섯이라는 가치를 모르는 것이 젊은 이로서의 비애가 아닐까 싶다. 그러니 이 젊음을 안고 두려워만 하며 내 청춘을 모두 흘려보내지 않길 바란다. 인생은 유한하고 이 나이를 한 나도 이때뿐이라고 하니까.

맺으며

해가 쨍하던 계절부터 야금야금 배우기 시작한 독립출판. 책을 디자인하고 편집하고 그림을 넣고 도서번호를 받았다. 인쇄 발주를 마지막으로 드디어 끝이 난다.

이 과정은, 무척 신나고 즐겁다가도 갑자기 끔찍이도 겁이 나는 혼란스러운 감정의 반복이었다. 실은 밤에 이불도 여러 번 찼다. 아무리 읽어봐도 너무 부끄러운 글이어서. 그래도 어쩌겠나. 하기로 했는데! 매일 나를 어르고 달래며 여기까지 왔다. 하하. 그래도 다행인 건 이젠 이전보다 글에 그리 심각한 의의를 두지 않으려 한다는 것.

글과 내가 일치해야만 떳떳할 수 있다고 생각했던 시기가 있었다. 내 글에 늘 부합한 사람이어야 한다고, 그렇지 않으면 위선적인 사람이 되는 거라고. 하지만 멋진 시를 쓰는 시인이라고 지질한 면 없는 인간인 것은 아니더라. 인간이란 결코 어느 때의 창작물로만 정의될 수 있는 존재가 아니었다. 이 책에 담긴 내 글도 몇 년 후의 나와는 분명 달라질 것이고 또 부족한 나와는 달리 내가 되고자 하는 모습이 담겨있을지도 모르겠다만, 그 두려움 때문에 글쓰기를 포기하고 싶지는 않다. 거짓된 마음을 적은 적은 결코 없으니. 앞으로도 나는 글을 쓰며 살 것 같다.

올해는 내가 평화를 배운 해였기에 참 감사한 해였는데 책을 낼 수 있어서 더 감사한 해가 됐다. 이 책을 읽어주신 분들에게도 다시금 감사의 마음을 전한다. 나의 세계가 당신의 세계에 가 닿았다면 그것만으로도 충분하다. 나의 삶을 엿보는 작은 즐거움이 되었다면 흐뭇한 일이고, 공감과 위안이 되었다면 더없이 기쁜 일이다.
  더 사랑하고, 더 자유로우시기를.

2022년 12월 1일
스물 다섯의 마지막 겨울에,
진

사랑과 자유

초판 1쇄 발행 2022년 12월 1일
　 2쇄 발행 2023년 2월 18일

글·그림 진
디자인 진
편집 진
지은이 이메일 sxjinn@naver.com

발행처 인디펍
발행인 민승원
출판등록 2019년 1월 28일 제2019-8호
주소 61180 광주광역시 북구 용주로 40번길 7 (용봉동)
발행처 이메일 cs@indiepub.kr
대표전화 070-8848-8004
팩스 0303-3444-7982

정가 12,000원
ISBN 979-11-6756-170-1 (03810)

Copyright ©진, 2022
이 책은 저작권법에 따라 보호받는 저작물이므로
무단 전재와 복제를 금합니다.